Círculo Rojo

La imagen del tiempo

LA IMAGEN DEL TIEMPO

Carelma

Círculo Rojo
EDITORIAL

Primera edición: agosto 2025

Depósito legal: AL 5821-2025

ISBN: 979-13-7016-386-0
Impresión y encuadernación: Editorial Círculo Rojo

© Del texto: Carelma
© Maquetación y diseño: Equipo de Editorial Círculo Rojo

Editorial Círculo Rojo
www.editorialcirculorojo.com
info@editorialcirculorojo.com

Impreso en España - Printed in Spain

Este libro contiene anécdotas, relatos, testimonios y vivencias; algunas personales, otras contadas por personas maravillosas que, en algún momento de sus vidas, se cruzaron en mi camino y, durante su trayecto, han compartido sus experiencias. Con ellas me he sentido identificada y estoy convencida de que estas notas puedan revivir en ellos emociones, sentimientos y recuerdos inolvidables que han dejado huellas en nuestras vidas.

DEDICATORIA

Dedicado a mi amada familia: mi esposo, mis hijos, nietos, nue-
ras, mis hermanos y personas que amo, con quienes comparto
mi vida, mis sueños y esperanzas; a todas aquellas que me han
brindado su amistad y han ocupado silenciosamente un espacio
en mi alma; a quienes en este paso por la vida, me han dado su
apoyo para enfrentar situaciones difíciles y de manera especial, a
quienes han inspirado con sus relatos y experiencias cada página
de este libro.

AGRADECIMIENTO

Cada mañana doy gracias a Dios por la oportunidad de ver la luz del nuevo día, por haberme dado una familia que, a pesar de sus limitaciones económicas, dio lo mejor de sí, inculcando valores y principios que permanecen y se transmiten a cada una de nuestras generaciones; a mi esposo por su compañía; a mis hijos, mis nietas y nietos, mis nueras por su apoyo incondicional; a mis hermanas y hermanos, amigas y amigos, por impulsarme a plasmar mis sueños y poder dejarlos en estas páginas; en fin, a todas las personas que la vida me ha permitido conocer, a todas ellas, por siempre, mi agradecimiento por su solidaridad, afecto y amistad; a quienes me han dado oportunidad de trabajo, por su apoyo en los momentos difíciles que me ha tocado vivir; a quienes me han ayudado a superar obstáculos para seguir adelante. Me faltarían páginas y palabras para agradecer a cada una de manera personal. Gracias por dejarme formar parte de sus vidas.

LA IMAGEN DEL TIEMPO
(EL ESPEJO DE LA ABUELA)

El antiguo espejo detrás de los peldaños,
refleja la imagen de una humilde anciana,
en ella observaba la misma mirada,
que quedó grabada de sus 20 años.

Delata los años en su blanco pelo,
lleva en su silueta las líneas del tiempo,
en su frente luce pétalos de duelo,
por todos los sueños que no se cumplieron.

Quedó en su pañuelo la señal del tiempo,
aquella fragancia que invadía su cuerpo,
mientras la nostalgia marca su silencio,
la frágil sonrisa en sus ojos negros.

LA CABAÑA DESOLADA

Se acercaba una borrasca destruyendo los corrales,
con paralizantes ruidos se rompían los cristales,
se derrumbaron los techos y crujían los umbrales,
los árboles se caían desbordando los canales.

Con la ruidosa tormenta el miedo me congelaba,
las horas pasaban lentas, ni la luna se asomaba,
en esa vieja cabaña pequeñita y desolada,
solo escuchaba lamentos con una voz desgarrada.

Un grito en el campo abierto y el llanto en el cementerio,
el temporal fue pasando dejando todo desierto,
todo se quedó sombrío en esa noche de invierno,
y para ocultar el miedo conversaba con el tiempo.

LA NIÑA DE LA CIRQUERA
(VIVENCIA DE UNA AMIGA)

Andaban de pueblo en pueblo animando cada feria,
se instalaban con su carpa donde celebraran fiestas.
Un día se cruzó el destino en la vida de una cirquera,
y en sus manos entregaron una niña de la Ciénaga,
dejándola a su cuidado para que la protegiera.
Ella prometió a sus padres: «Pueden verla cuando quieran».
La niña, por muchos años, lloraba desconsolada,
ocultaba la tristeza que su corazón guardaba.
Le pedía a la cirquera que de sus padres le hablara,
y la mujer evitaba que sus padres la buscaran.
La cirquera cambió el nombre de Greis, como se llamaba,
y con su nuevo nombre al circo fue a presentarla.
Días antes de morir, la cirquera, conmovida,
le comentó sin detalles dónde encontrar su familia.
La obsesión por este sueño invadió su pensamiento:
¿cómo sería su vida si llegara ese momento?
Y un día lo dejó todo en manos del tiempo incierto,
para que Dios se encargara del milagro más perfecto.
Así fue pasando el tiempo junto a su fiel compañero,
y cruzaron las fronteras, como se lo prometieron.
Buscaron de pueblo en pueblo, porque jamás se rindieron.
Cuarenta y nueve años pasaron y un milagro justo a tiempo,
y como en cuentos de hadas, la familia consiguieron.
«La otra parte de su vida», que en canción le convirtieron.

PESADILLA EN LA HOGUERA

Soñaba que alguien bailaba alrededor de una hoguera,
donde me tenían atada sobre trozos de madera.
Al despertar, yo sentía que me habían trasladado,
sin que yo me diera cuenta, a un lugar muy lejano.

Presurosa y asustada, con el sudor impregnada,
logré quitarme las hazas con las que me sujetaban.
Con esa cruel pesadilla, el misterio me azotaba,
y despertaba aturdida, aferrándome a la almohada.

Cuando la noche caía, empezaba mi agonía,
el miedo me acorralaba, aunque estuviese dormida.
Las horas pasaban lentas, me sentía perseguida,
deseando con el alma ver la luz del nuevo día.

CARCAJADAS DE UNA BRUJA
(Relato de una persona cercana)

En una noche sin luna caminaba por el parque,
escuchaba carcajadas; su risa era desafiante.
Pensando que era una bruja, intentó retroceder,
esa que le chantajeaba para obligarle a volver.

Salió corriendo a esconderse en busca de protección,
como una fiera silvestre huyendo del cazador.
Han pasado muchos años y aún le teme al bastón
con el que le amenazaron, tildándole de traidor.

La sarcástica figura, parecida a Lucifer,
de la que sentía miedo y le juzgaron de infiel,
son historias de camino cuando regresas a pie,
del lugar equivocado y con la ropa al revés.

LA CANDILEJA

Era un pueblito lejano detrás de la cordillera,
donde la infancia pasaba saltando sobre una cuerda.
Cuando la noche llegaba, se encendía una candileja,
esperando compañía para compartir la cena.

Eran noches solitarias de valiente juventud,
solo se veía a lo lejos el reflejo de una cruz,
que iluminaba las noches de aquel pueblito del sur,
revelando los misterios del caminante sin luz.

La luna guiaba sus pasos hasta llegar a su hogar,
donde esperaba su amada con las hogazas de pan,
una mesa rebosante con delicioso manjar,
y en su habitación perfumes con aromas de azahar.

LA DETECTIVE

Hay experiencias de vida que recuerdas con humor,
se trata de una aventura que sigues por intuición.
Pretendía averiguar si realmente era traición,
y preparó una emboscada como lo haría un guasón.
Se puso varios atuendos para lucir de varón,
con sombrero y de corbata parecía un gran señor.
Pagó el servicio de un taxi y se marchó de misión,
para seguirle los pasos al caballero bribón.
El taxista era curioso, buscando conversación,
mientras prestaba el servicio, miraba el retrovisor.
Llegaron directo al sitio donde el hombre se quedó:
allí esperaba una dama a quien saludó y besó.
La detective, enfadada, sin pensarlo lo abordó,
quitándose los atuendos, hasta la mesa llegó.
Los observó por un rato sin pedir explicación;
sin agregar más detalles, se le rompió el corazón.
Era la mayor prueba que no era solo rumor:
ni con máscara ocultaba la descarada traición.

FANTASMAS

Con grandes barrotes bordeado praderas,
colgaban del puente las enredaderas.
Los fantasmas salen solo en primavera,
bailando en comparsa ondean sus banderas.

Quedan las señales de los ancestrales,
muñecos pintados sobre los portales.
Hay naves que pasan dejando celajes,
cuando van cruzando hacia otros mares.

La brisa que sale de los manantiales
pasa silenciosa sobre los ramales.
Los fantasmas bailan fuera de sus lares
y siembran cizaña en los pantanales.

EL CÁNTARO VACÍO

En compañía de mi hermana llegamos al manantial,
para llevar a mi madre agua para cocinar.
Con el cántaro vacío se atravesó una serpiente,
separándonos del pozo donde llegaba la fuente.

El miedo nos invadió todo el cuerpo ante el horror,
sin cumplir con el mandado de llevar agua al fogón.
Pensábamos dar un salto y pasar sobre el pitón;
sin quitarle la mirada, se movía con furor.

Nos quedamos a la orilla esperando un angelito
que nos pudiera salvar de aquel inmenso peligro,
que nos llevara a la casa y sentir el calorcito
de mi madre que esperaba ansiosa en un balconcito.

LA OSCURIDAD

Han pasado muchos años y quisiera regresar
a la casa del pasado, solo por curiosidad.
Había un cuarto cerrado con signos de antigüedad,
y decían los abuelos que solían asustar.

Solo entraban los abuelos cuando iban a rezar.
Ellos prendían velitas para evitar tropezar.
Me asomaba por rendijas y no se veía nada;
la mirada se perdía en la inmensa oscuridad.

Parecía misterioso ver la puerta con candado;
nunca pude averiguar por qué lo tenían cerrado,
y las llaves escondidas en un bolsito colgado,
donde nadie lo alcanzara, siempre estaba vigilado.

LÁGRIMAS

Cuando era adolescente, me llevaron a estudiar,
junto a dos de mis hermanas, donde había que pagar
un costo muy elevado por cada mensualidad:
era un colegio de monjas, el más cercano a mi hogar.
Eran varias religiosas de una congregación
donde yo me postulé, fingiendo de vocación.
Las monjitas aceptaron sin hacerme evaluación,
sin poner ningún reparo, lo hicieron como un favor.
Y después de varios días de estar en ese recinto,
sin estar con mis hermanas, para mí un sacrificio,
lloraba todas las noches, resignada a mi destino;
a cambio de los estudios, me tocaba fregar piso.
Un buen día alguien llevó al colegio serenata;
por algunos ventanales se asomaban las muchachas.
Escuchaban las canciones que los chicos dedicaban;
sin dar mayores detalles, solo un nombre se escuchaba.
Las compañeras, celosas, con tijeras se vengaron.
Para entonces yo tenía mi pelo sedoso y largo,
y cuando estaba dormida, el pelo me trasquilaron.
Al mirarme en el espejo, las lágrimas escaparon:
fue el momento más horrible que viví en el internado.

LA HUMAREDA

Recopilando recuerdos, se me llenó la maleta,
donde guardaba las fotos que jamás quise que vieran,
prohibidas por detalles que me dejaron secuelas
y volvían a mi mente en noches de luna llena.

Los viernes eran la clave para transitar fronteras:
era un lobo que aullaba cuando veía humaredas.
Sin que nadie imaginara, el lobo buscaba hienas,
y un día quedó desnudo, con la cara descubierta.

Por las máscaras que usaba en diferentes facetas
le hice muchas preguntas; ninguna tuvo respuesta.
Cuando regresaba a casa, se quejaba de agujetas;
para evitar los reclamos, llegaba tirando puertas.

EXTRAÑA SOLEDAD

Cuando te sientes vacía, te acompaña soledad;
puedes contárselo todo y no te delatará.
Es la única sincera y no quieres escuchar;
ella jamás te reclama, aunque la quieras dejar.

A la que tú nunca extrañas, esa que nunca se aleja,
la que siempre te desvela y a veces te desespera,
ella siempre te acompaña y escucha cuando te quejas,
con la que pasas tus ratos y riñes si te aconseja.

Soledad nunca te engaña y no le das importancia;
es la única que llevas a escondidas en tu alma.
Sin que notes la presencia, ella te arrulla y te calma;
siempre entiende tu silencio y te llena de esperanza.

HISTORIA CURIOSA

En la isla de Margarita, en la región oriental,
cuando no existían redes, ni Twitter, ni Instagram,
presentaron un bebé en la Junta Comunal;
en su acta de nacimiento anotaron su historial:
dos mujeres con un niño como caso excepcional,
sin que nadie les juzgara como pareja habitual.

Un día especial, mi amiga vio con curiosidad
que en su acta de nacimiento había algo inusual:
en los datos de su esposo, el nombre de su mamá
y, junto a ella, anotado el nombre de otra mamá.
Antes no se generaban comentarios por hablar
y la vida transcurría con total normalidad.

Esto parece un misterio y no hay a quién preguntar
si ya en los años 50 se aceptaba en sociedad
personas del mismo sexo hacer vida conyugal.
¿Sería error del manuscrito o pura casualidad?
O simplemente asomaba lo que hoy es igualdad
y todo quedó en secreto, difícil de averiguar.

EL RELOJ

Logré quitar las agujas que movían el reloj,
para dejarlo a la hora en que sonó tu canción,
la que unió nuestro destino con una gran ilusión,
y sin querer, el futuro confundió su dirección.

El parque donde nos vimos en la primera ocasión,
donde el tiempo se detuvo como un tren en estación.
He revisado en el tiempo buscando una explicación:
el tiempo no se detiene y no hace falta el reloj.

Si el pasado regresara, repetiría la canción,
para entender su mensaje y saber por qué razón,
a la mitad del camino se cambió de dirección
y seguimos atrapados en el ojo de un ciclón.

ILUSIÓN DE ARENA

Andaba siempre descalza sobre las arenas finas,
sembrando las ilusiones con hermosas fantasías.
Soñaba que en el desierto había un lugar sombrío,
donde se encuentran a solas la pasión y el desafío.

Escuchaba el recorrido de un tranvía en el desierto,
llevándose los rumores que truncaron tantos sueños,
de los antiguos amores que siempre fueron perfectos.
En él se fue la esperanza, dejando un mañana incierto.

Cuando quieres olvidar, más profundo es el recuerdo;
cuando quieres recordar, no consigues el secreto.
Cada día que amanece quisieras no estar despierta,
y cuando abres tus ojos, te olvidas de lo que sueñas.

ALUCINACIÓN

De camino al escenario, con la mejor intención,
escuchaba los aplausos y los gritos de emoción,
animando a los artistas que buscaban la conexión
con su público que espera la mejor presentación.

Con las mismas emociones gritan a todo pulmón,
pidiendo que se repita al final de la actuación
las notas que se escucharon en la última canción.
Y al despertar de su sueño, dormía bajo un telón.

Siempre quiso que el destino devolviera su ilusión;
cuando soñaba despierta, sentía gran emoción.
Buscaba cada mañana, en los rayitos de sol,
un aliado que a sus sueños concediera la razón.

SUSPIROS

En las extensas llanuras donde nacen los romances,
se cruzan en su espesura las gaviotas y faisanes.
Se visualiza el paisaje y, en su río, los amantes,
tomando el sol en la orilla, dispuestos a contemplarse.

Cuando el agua está revuelta, los suspiros son señales
que buscan por las arenas las huellas para encontrarse,
los sonidos en el viento para que pueda orientarse,
la fragancia del perfume cuando la brisa lo esparce.

MUROS DE CARBÓN

Empujando la carreta, cargada por muchos años,
donde guardaba ilusiones y aventuras con su encanto,
de los momentos felices cuando íbamos despacio;
hoy lleva desilusiones y todos los desengaños.

Ya no importa si los años llevan la misma ilusión;
van todos en la carreta, mezclados en el buzón,
con rumbo desconocido a buscar una estación
donde quedan los recuerdos tirados en un vagón.

Jamás se borran las huellas en las historias de amor;
siempre queda algún detalle en el baúl del rincón,
que añoran en su futuro los presagios de ilusión,
aunque fuesen enterrados bajo muros de carbón.

VOZ INTERIOR

Cada persona tiene un libro interior escrito
en las páginas del alma con las letras de grafito.
La fuente de cada letra va de acuerdo al sentimiento;
la tinta es multicolor y expresa su pensamiento.
Su lenguaje es el amor que se transcribe en el tiempo.

Aparece en su interior un paisaje de tormentas,
donde se cuenta la vida de una soñadora inquieta,
que brinda con emoción por la voz de su conciencia.
Aunque su ilusión se quede en la dirección opuesta,
en su libro van escritas sus memorias de poeta.

SOÑAR DESPIERTA

Soñando paso la vida buscando felicidad,
escribiendo las palabras con las que pueda expresar
los sentimientos que fluyen sin dejarlos escapar,
convertidos en historias para poderlas contar.

Las he llevado en mi alma y no las quiero olvidar.
Siempre espero recordarlas cada día al despertar,
aunque tenga que anotarlas en hojitas arrugadas,
para que nunca se olviden, quiero hacerlas realidad.

TROPIEZOS

Andaban como entre nubes, con el pecho desgarrado,
al aflorar la verdad de un secreto bien guardado.
Era mejor ignorar, aunque lo hubiese escuchado,
y el corazón no quedara en pedazos destrozado.

Era difícil contar lo que venía ocurriendo,
parecían pesadillas con las que sueñas despierto.
Varios días sin dormir, no es fácil seguir mintiendo:
hay que olvidar el pasado y escribir un nuevo cuento.

Al final fue superado con lamentos y tropiezos,
intentando cada día buscar un camino abierto,
luchando por lo que un día fuera su fiel juramento:
nunca se vieron rendidos y juntos van por un sueño.

CRISTAL ROTO

Ansiado como el diamante en un cofre de cristal,
como se desea un oasis cuando quieres descansar,
como se añora la brisa que sale del manantial
y las luces de un velero cuando vas en altamar.

Un día se cayó el cofre y se rompió su cristal.
Se rompió en mil pedazos, difícil de reparar;
los cristales se veían como la arena en el mar.
Hoy el cofre remendado está en el mismo lugar.

SONRISA DIBUJADA

Se despertó el corazón escuchando campanadas,
pintando de mil colores el amor cada mañana,
para borrar la tristeza en el rostro de su amada,
que dejó ver en su piel una figura tatuada.

Se dibujó la sonrisa con un pincel de agua clara;
su cabello simulaba la imagen de una cascada.
En sus ojos, los luceros que iluminaban el alba;
su cuerpo lleva el tatuaje que revela sus entrañas.

Añorando de la infancia los tiernos juegos de niña,
acariciando las noches y las estrellas que brillan,
remembrar tantos deseos que marcaron la inocencia
y ocultar dulces recuerdos de su tierna adolescencia.

COSTUMBRE DE PUEBLO

En las riberas del río, donde nacen los laureles,
que lucen en las veredas al paso de los corceles,
con fragancia de jazmín se ha perfumado la sierra,
arrastrando la nevada para que brillen sus piedras.

En la nueva temporada, con música de trompetas,
con tambores y baladas para comenzar la fiesta,
adornando la ensenada los retoños de la siembra,
esperando que en verano se recoja la cosecha.

FUE UN SUEÑO

Al cumplir mis veinte años, me quise independizar.
Empecé a buscar trabajo para poder sufragar
los gastos que generaba estar lejos de mi hogar.
Con un poquito de suerte llegué a una publicidad
y comencé a prepararme a nivel profesional.
Un día me preguntaron si quería concursar
como reina de belleza de mi terruño natal.
Lo soñé por muchos años, era mi oportunidad;
creía que mis deseos se podían realizar.
Hasta que llegó un príncipe que me hizo despertar,
lanzándome su propuesta: «si me quería casar».
Creí estar equivocada y hasta me hizo dudar.
Yo le consulté a mi madre qué me convenía más:
«Si ser reina de belleza o la reina de un hogar».
Y sin pensarlo dos veces, ella me empezó a orientar
para que la respuesta fuera «que sí me quería casar».
Y después de muchos años no quiero mirar atrás:
todo lo que hemos vivido no se puede valorar.
Con el amor de mis hijos creo en la felicidad;
la sonrisa de mis nietos llena mi vida de paz.

EL VIEJO CASTILLO

Había un viejo castillo donde solía veranear;
allí estaba la alegría encerrada en su portal,
esperando la sorpresa para salir a pasear.
Cuando un día la alegría vio la sorpresa llegar,
fue un encuentro misterioso, la clave para escapar,
y juntas, emocionadas, se marcharon del lugar.
La alegría y la sorpresa son amigas de verdad;
el tiempo se había encargado de juntarlas al final.
La alegría está conmigo y feliz vuelve a soñar,
y el castillo solo espera su nueva oportunidad.

EL DESIERTO

Agotada por calor, caminaba en el desierto,
con el sol a sus espaldas y su pecho descubierto.
En cada paso que daba la ansiedad le fue invadiendo,
y de pronto vio a lo lejos sandías en el desierto,
calmando así la ansiedad y, con ella, el sufrimiento.

Bailaba entre las sandías como quien está de fiesta,
hablándoles de aventuras, conmovía su conciencia.
Caminando sin sandalias, hundió sus pies en la arena,
dejando cada pisada remarcada con su huella,
donde dejó las semillas de sandías en la arena.

LA ESCOPETA DEL ABUELO

Cuando el abuelo podaba las plantas en la cañada,
acariciaba la tierra mientras con agua regaba.
Las flores en sus jardines adornaban su cabaña,
y emocionado decía que sembraba la esperanza.

El agua clara que fluye saliendo de la cascada
lleva un ligero rocío acariciando las plantas.
El arroyo se perfila en el pie de la montaña,
y los pájaros anidan en el tiempo de abundancia.

En los cimientos de piedra se veían madrigueras,
de todos los roedores persiguiendo las cosechas,
y el abuelo vigilaba con una gran escopeta
para que nadie robara las frutas a sus macetas.

BAJO LA LLUVIA

He visto caer la lluvia a través de tu mirada,
vi paisajes de colores que contemplaba tu alma,
y en el profundo silencio, el sonido de campanas,
con destellos de caricias que estimulan esperanzas
para llenar el vacío que dejaste una mañana.

Llegan los días lluviosos y se ve crecer la hierba.
Buscaré un nuevo sendero para dejarle mi huella,
correré al horizonte hasta conseguir tu estrella,
iluminaré el camino con la luz de una linterna,
y llegaré hasta el lugar donde dormías tu siesta.

Sumaremos cada paso a todo el camino andado.
Despertaremos un día recordando lo olvidado,
de los momentos felices, aunque el tiempo haya expirado.
Seguiremos caminando con un bastón empuñado,
hasta llegar al banquillo, pero siempre de la mano.

LA CEREMONIA

Es una pequeña historia contada por una amiga
que estuvo en la ceremonia con el papel de madrina.
Es una historia real que denota valentía:
una mujer, sin quejarse, aguantó toda su vida.

Esa mujer se quitó las riendas que le oprimieron;
pudo destruir el lazo que cercenó sus derechos.
Salió huyendo de su casa, aunque quedara sin techo,
para buscar libertad y un futuro sin lamentos.

El hombre que le oprimía hoy llora en su soledad,
y lo más que le preocupa es no saber cocinar,
que la casa es un desastre, la cama sin arreglar.
Tampoco sabe planchar y no hay a quién maltratar.

ATADURAS

Fueron muchas las mentiras que tenía que inventar
para salir de su casa, aunque solo a respirar.
Cuando ella solo quería un minuto en libertad,
inventaba cada antojo y excusas a comprar pan,
para olvidar un momento su vida matrimonial.

Mientras se está sometida, no se puede ni pensar.
Molestan las ataduras, solo piensa en escapar.
Tantos años entre rejas fingiendo felicidad,
mientras ellos se preocupan por todo lo material,
por dinero y todo aquello para contabilizar.

SU DIARIO

Nunca se vieron detalles, ni flores ni chocolates;
jamás sacó del bolsillo monedas para ayudarle.
Solo traía a la casa lo que a él podía gustarle.
No tenía ni modales y siempre fue muy tacaño,
hasta el extremo que ella siempre pedía prestado
para salir a comprar sus vestidos y zapatos
y sentirse tan bonita como siempre había soñado.

Un día cruzó la puerta y solo pudo gritar:
«¡Me voy corriendo de casa, ya no quiero regresar!».
Se puso zapatos nuevos, con los que solía soñar.
Se fue alejando en silencio, pero sin mirar atrás,
olvidando los tormentos que siempre la hacían llorar.
Hoy disfruta los momentos, buscando felicidad,
y vive las aventuras de su vida en libertad.

LA RESIDENCIA

Viví en una residencia en la ciudad de Caracas,
compartiendo habitación con amigas en la casa.
Mientras ellas estudiaban, yo me iba a trabajar;
en tiempo de vacaciones ellas iban a su hogar.
Se tomaban varios días para ir a descansar,
y yo le pedía a mi abuela que me fuera a acompañar.
Un día que ellas se fueron, alguien ocupó el lugar.
En la noche abrió la puerta, casi sin ruido al entrar,
y rodando la maleta allí se sentó a esperar.
Yo me hice la dormida, no me quería desvelar,
también porque al día siguiente tenía que trabajar,
y pensé que era una de ellas que decidió regresar.
Sentada en la habitación, se le oía respirar,
y en la mañana siguiente no había ni una señal
de la persona que vino en la noche a descansar.
Le pregunté a la casera: «¿Cuál chica había regresado?»
Y segura contestó que me había equivocado,
que ninguna regresó. «¿Y no escuchó nada extraño?»
En ese momento entendí que mi abuelita me hizo caso;
sin decir ni una palabra, ella me había acompañado.

AMAR HASTA EL DOLOR
(Dedicado a mis padres)

Siempre fueron un ejemplo, fueron los mejores guías,
y los actos en sus vidas siempre se correspondían
con todo lo que pensaban, lo que hacían y decían.
Fueron padres ejemplares a lo largo de sus vidas.

Manifestaron su amor hasta el último suspiro;
amaron hasta el dolor, honrando su compromiso.
Jamás hubo desengaños a lo largo del camino;
estaban siempre en alerta, dando a la vida sentido.

Antes de que se marcharan, cada uno prometía
que, de donde se encontraran, ellos siempre se amarían.
Y lo han venido cumpliendo desde el día de su partida,
porque dejaron sus huellas marcadas en nuestras vidas.

REFLEJOS DEL MIEDO

En el color de tus ojos, el inmenso mar azul;
en la imagen de tu cuerpo se reflejaba la luz,
con señales de recuerdos que dejó su juventud.
Con el paso de los años, recordarlo es su virtud.

Iba sola por caminos, acompañada del miedo;
con la luz de una farola se iluminaba hasta el cielo,
visualizando en las nubes la fecha de tu regreso,
deseando a cada instante volver a sentir sus besos.

Aquellos que no lucharon nunca sabrán si han perdido.
Lucharon toda su vida, pero están en el olvido.
Ellos jamás apostaron y se dieron por vencidos;
por temor a las caídas no asumieron desafíos.

EL PASTOR

Escuchaba las campanas muy cerca de las veredas:
era un rebaño de ovejas que escapaba de la sierra.
Las va siguiendo un pastor como quien persigue fieras,
para quitarles la lana y con ellas hacer prendas.

Las ovejas se escondieron detrás de los lirios blancos
para poder disfrazar la piel de todo el rebaño.
Mientras el pastor se aleja, hay silencio en las veredas:
no puede ver las ovejas; ya sus campanas no suenan.

Los niños que allí jugaban le ayudaron a su paso,
quitándole la campana a quien dirigía el rebaño.
No las ha visto el pastor, ya no les puede hacer daño:
se le ha escapado la lana hasta el próximo verano.

SUSURROS DEL RÍO

Hoy encendí la luz que dejaste en mi morada,
donde quedamos los dos atrapados en la almohada,
soñando con el paisaje que arrullaba una manada,
y en el cielo los luceros que bailaban una danza.

He visto en el cielo abierto alejarse una cometa,
prendada de juventud, sigilosa y muy coqueta,
recordando silenciosa nuestra última promesa.
Con agitadas palabras dan vueltas en mi cabeza.

Me gustaba ver destellos en las noches desoladas,
ver las gaviotas en vuelo que acariciaban sus alas,
pensar que en los carruseles los caballos escapaban
y pasear por las riberas donde el río susurraba.

LA PIEL DEL ALMA

Se nos arraiga en la piel el recorrido del tiempo;
aceptamos las señales que se marcan en el cuerpo.
Las arruguitas reflejan lo que una va escondiendo,
mientras de la piel se escapa la belleza en el silencio.

Hay lunares en el rostro, en las piernas y la espalda;
las arruguitas dibujan con dolor las esperanzas.
Parecen imperceptibles, dibujadas en el alma,
sublimes, muy silenciosas, y jamás podrás borrarlas.

Se esconden con cirugías y maquillajes de marcas,
hasta que llega el momento que es mejor acariciarlas.
Son como aquellas canciones que sin querer tarareabas,
como las grandes raíces que a su árbol sujetaban.

EL DETALLE

Se quedaron a encontrar un día especial del año,
acordando que él llevara en su ropa algún detalle
que llamara la atención para poder ubicarle.
Llevaba una pajarita, parecía un estandarte.

Ella no quiso acercarse, la risa la delataba;
era tan grande el detalle que tapaba su quijada.
Regresó sola a su casa, muy triste y decepcionada,
pero él nunca se enteró que su detalle asustaba.

Se quedó sola en su casa esperando que pasara,
con su buen traje de gala, el hombre que imaginaba,
como aquella salmantina que esperaba en la ventana,
al galán que desde niña su memoria dibujaba.

LA MAGIA DE UNA FIGURA

En la pintura del lienzo, el color de los cerezos;
en el brillo de tus ojos, el recuerdo de sus besos.
En el aire que respiro, todo se ve tan perfecto,
que veo en el horizonte la figura de tu cuerpo.

El sol oculta su rostro cuando la luna aparece;
con la brisa del paisaje hacen magia los cipreses.
Las montañas y sus ríos se visten de primavera,
y el misterio de la noche disfruta de su quimera.

Al amanecer, las nubes van buscando otro destino;
las flores, en el otoño, van decorando el camino.
Las aventuras de invierno se disfrutan como el vino,
y en el verano, las hojas al caer pierden su brillo.

CIGÜEÑAS EN EL CAMPANARIO

Al compás de las horas pasan las doncellas
que van susurrando, dejando sus huellas,
contando que en sueños han visto cigüeñas
en los campanarios de antiguas iglesias.

Guían sus miradas en busca de abrazos
aquellos ancianos que obviaron fracasos.
Son muchos recuerdos que se acumularon,
mientras su felicidad se cae a pedazos.

Siempre van alegres por sus viejas calles,
dejando mensajes que suman detalles.
Cuentan sus historias que fueron felices
y nunca revelan los tiempos de crisis.

LA TIERRA QUE SE AMA

Hay un país que sonríe cuando pronuncian su nombre,
aquel que abre sus brazos donde el sol nunca se esconde.
Todos disfrutaban sus suelos y espacios multicolores,
donde se escucha joropo y se bailan sus canciones,
donde no importa su raza, ni credo, y sin condiciones.

Muchos se sienten dichosos de nacer en Venezuela.
Hay un pueblito pequeño detrás de la cordillera,
donde disfruté la vida de inocencia muy serena.
Siempre soñaba feliz esperando Nochebuena.
Yo no pierdo la esperanza de volver a Venezuela.

LA IGNORANCIA

Conmovida escribió una carta expresando su sentir,
alertándole a su amado que no volviera a mentir.
Al leerla, él preguntó: «¿Quién te la ayudó a escribir?»,
dudando de su talento después de hacerla sufrir.

La carta, en su contenido, expresaba gran amor;
se leían muchas notas escritas con ilusión.
Le reclamaba a su amado un poco más de atención,
pero fue recriminada, ignorando su emoción.

La ingratitud y la ira invadieron su razón;
el insulto recibido no podía ser peor.
Era la misma palabra que usaba de humillación,
sin importar que su farsa provocaba una explosión.

LA SILUETA ENGAÑADA

He visto siluetas hablar con el tiempo,
con frases sencillas llenas de silencio.
Van recriminando tu imagen traviesa,
como pinceladas de una marioneta.

Con un cuello alto y mangas extensas,
con faldas holgadas, largas y coquetas,
algunos volados simulando vueltas
engañan espejos y se ven perfectas.

Hablan en voz baja y evaden la luz,
con pasos ligeros fingiendo salud.
Vestirse a escondidas es una virtud:
se añoran momentos de su juventud.

REMANDO SIN RUMBO

Es una etapa vivida muy difícil de explicar;
aquellos años felices se ahogaron en el mar.
A pesar de los intentos para volver a remar,
hoy siguen a la deriva, perdidos en altamar.

Él no quiso abrir sus alas cuando podía volar;
solo faltó valentía a quien le debía empujar.
Su vida pasa remando, a punto de naufragar,
buscando siempre la orilla para poder descansar.

¿En qué momento perdieron las fuerzas para nadar?
Se quedaron en la isla donde nadie puede anclar,
condenados a vivir sin esperanzas de amar;
su consuelo son veleros perdidos en altamar.

VACÍO INTENSO

En el frío invierno de noches oscuras
he visto las sombras que a menudo cruzan,
escuchando ruidos de mudos faroles,
sumando a las horas todos mis errores.

La brisa acaricia heladas cornisas;
pasa silenciosa, siempre va de prisa,
buscando sonrisas en las margaritas
que expanden su aroma hasta las ermitas.

Se escucha el sonido de los manantiales
cuando cae el agua en los matorrales.
Celebran con olas las gotas que caen,
con un arco iris en sus madrigales.

HASTA EL FINAL

Es difícil explicar, a tan avanzada edad,
la salud deteriorada, sin recursos, sin andar.
Pero van con ilusiones y sin miedo hasta el final,
y agradecen a la vida alguien con quien conversar.

Cada paso que sumamos nos obliga a controlar
los detalles de la vida frente a una sociedad.
A tan avanzada edad la noche oscura se alarga;
los sueños siguen vagando mientras la ilusión se escapa.

Nos sentimos atrapados en historias sin final,
la mente llena de sueños en busca de libertad,
con imágenes hermosas de muchos años atrás,
donde se escondía la luna y el sol la quería besar.

RETO PERSONAL

Cada persona tiene algo nuevo que contar
cuando recuerda pasajes de su vida laboral,
en la que vas entendiendo que tienes capacidad
para aprender cada oficio que vas a desarrollar.

Enfrenta dificultades y obstáculos de verdad;
los retos te han obligado a crecer sin descansar.
El trabajo siempre enseña que no puedes desertar;
vas conociendo herramientas siempre para mejorar.

Por cada área que pases, siempre aprenderás un poco.
Hay ramas que te perfilan más humano y generoso,
y así te vas convirtiendo en personaje virtuoso.
El trabajo es una meta a la que llegas airoso.

REFLEXIÓN PERSONAL

Para escribir estas páginas me inspiré en una frase que conecta entre sí el sentido de la vida: «la imagen del tiempo» es como un lugar especial donde se guardan sentimientos, emociones, ilusiones, angustias, soledad, alegría, amor y desamor, entre muchas joyas imaginarias que nos gustan, otras que queremos desechar, pero se mantienen guardadas. Y revisando ese joyero de obstáculos, deseos y sueños, me he atrevido a transcribir esas figuras imaginarias para dejarlas en estas páginas a través de poemas.

Muchas mujeres, entre las cuales me incluyo, envejecemos intentando silenciar la voz interior que nos hace navegar dentro de nuestra conciencia, y confieso que es muy difícil callarla. Mientras lo intentamos, esa voz interior grita con más fuerza, y solo callará cuando exprese lo que siente. Y la mejor forma es interpretar y transcribir cada emoción.

Muchas se preguntarán: ¿qué ha querido decir esta mujer? Tal vez porque se vean reflejadas en algún aspecto o simplemente por curiosidad. Pero lo único que he querido es escribir lo que siento. Escribir es un escape —aunque no sea la palabra correcta—, es desahogar, es una sanación que libera sentimientos, sueños, emociones y también toxinas que se van acumulando a lo largo de nuestra vida, que, de manera silenciosa, nos han hecho daño, se han mantenido dentro de nosotras haciendo ruido en nuestro corazón. Pero un día descubrí que me negaba a escuchar mi voz interior. Tapaba mis oídos para no escucharme, hasta que rompí el silencio interior y empecé a conectar todos mis sentidos. Y esa voz se reveló dentro de mí, descifrando palabras, entendiendo señales y materializando sueños, con la única convicción de que el amor, la fe y la seguridad en una misma son los pilares fundamentales que nos hacen cada día mejores personas.

Muchas veces sentimos que nuestra fuerza interior se agota, pero no podemos quedarnos estancadas en el mismo sitio. Tenemos que recuperar la energía y hacer que circule en nuestros sentidos, para allanar el camino que hemos iniciado. Hacer que nuestra conciencia entienda que ¡no se puede callar ni cansar, que no se puede rendir y que debemos pedir al universo la energía necesaria para seguir avanzando y abrazar un nuevo día!

La experiencia más grande que he tenido en mi existencia es que la vida me ha enseñado a verme y sentirme como una roca, evitando caer en un estado de mayor vulnerabilidad, en lo personal, económico, social y familiar. Nunca me he rendido; con esfuerzo, lo que me he propuesto, hoy puedo decir que, al menos, un escalón he logrado subir.

Desde el punto de vista profesional, logré culminar mi carrera, la profesión que amo; ejercer mi profesión dignamente y desempeñar cargos importantes; ayudar a personas que confiaron en mí y representar empresas; caminar sin que nadie me señale. Esto ha sido para mí un paso adelante. Pero llegó uno de los momentos más duros de mi vida: después de vencer muchos obstáculos, cuando creí que lo tenía todo para estar tranquila, tuve que dejar mi país, dejando lo que tenía, lo que había conseguido a lo largo de mi vida profesional y familiar, lo que yo sentía como el confort para mi vejez, lo que durante años había construido con esfuerzo. Todo cayó a un nivel que jamás imaginé. Llegué a sentirme incapaz de salir adelante, pero, consciente de mi debilidad física y económica, me obligué a reaccionar, a empezar de nuevo, usando el recurso de mi fortaleza espiritual, y con ello he podido continuar. Y lo intento cada día.

Dios me ha dado la energía que me impulsa a seguir sin mirar atrás, igual que la ayuda de mi familia, mis amigas, amigos y especialmente mis hijos, mis nietos y nietas que, aun siendo tan pequeños, son las anclas que me mantienen a flote en el mar de la vida, que se mueve con gigantes olas, con obstáculos y dificultades, que, junto a mi fortaleza interior, no me han dejado naufragar. El tiempo que he permanecido fuera de mi país ha sido una fase de adaptación y aprendizaje para optar por un nuevo estilo de vida. Y lo he iniciado desde cero. Al llegar a España, en Madrid, empecé a estudiar de nuevo, con ilusión, para sacar un certificado de profesionalidad. Y lo logré satisfactoriamente. Aun cuando no he logrado un trabajo acorde con mis conocimientos, he conseguido trabajo y me gusta lo que hago, aunque en algún momento he realizado trabajos por los que yo, en mi hogar, pagaba para que los realizaran. Es una experiencia que he vivido con intensidad, con la que he aprendido desde la humildad a valorar y agradecer cada detalle, celebrar cada momento que Dios me ha permitido vivir sin sentirme culpable, juzgada ni rechazada.

Quedan muchas frases y cosas sin anotar porque no consigo las palabras apropiadas. Pero hay un detalle importante que no puedo pasar por alto ni dejar de compartir en esta reflexión. Se trata de mi vida en el aspecto personal. Durante muchos años, siempre estuve pendiente de estar bonita, bien arregladita, usar ropa buena y de marca, fragancias y perfumes que me gustaban. Pero siempre lo hacía para lucir y agradar a los demás.

Hoy siento que hay un despertar en mi vida y entiendo que muchas cosas de las que he hecho no eran correctas. Aun así, debo seguir manteniendo ese mismo estilo, no solo para agradar a los demás, sino para ser agradable y sentirme bien conmigo misma. Lo he aprendido un poco tarde, tal vez cuando el sol se está ocultando, pero quiero dejarlo como referencia, por si alguien se interesa en esta pequeña reflexión.

He construido mi vida con frases y palabras llenas de amor, sentimientos, ilusiones y sueños. Con ellos voy contando lo que he sentido en los diferentes momentos y etapas de mi vida.

Conozco mi sentir, mi norte, mis surcos, y en compañía del silencio y de mi imagen en el tiempo, conseguiré el camino que tendré que seguir en mi próxima ocasión.

Con emoción y esperanza he caminado siguiendo la estrella que se mueve a mi ritmo, y siempre con la esperanza de cosechar triunfos, de llegar a las metas sin esperar trofeos, sin ondear banderas. Solo sentir el placer de llegar con fuerzas a cualquier lugar y que nadie intuya el secreto de mis sueños, el dolor que siento en mi cuerpo, o mis penas, el sentimiento en mis palabras ni el nivel de mis deseos.

Un día cualquiera decidí concederme libertad para expresar mis ideas, ilusiones y sentimientos, como un reto personal para aceptar y enfrentar mis miedos; aprender de ellos sin sentirme juzgada, rechazada y, mucho menos, culpable de nada.

Juré fidelidad a mis sentimientos, por lo que no voy a callar lo que mi alma quiera expresar a través de pensamientos. Y en esta etapa de mi vida, los he convertido en poemas.

También he querido expresar estas palabras desde mi conciencia, tocando mi alma, mi yo interior, acariciando la energía que mueve mis sentidos y complaciendo la inquietud que habita dentro de mí.

En estos últimos años, he tenido la oportunidad de recorrer y revisar mentalmente algunos aspectos de mi vida, entre ellos regresar a la parte más hermosa de mi existencia: mi infancia, mi etapa de estudiante, interpretar mis sueños y también mis fracasos, porque de ellos he aprendido a tener fuerza para levantar cabeza, mirar al cielo y recordar con emoción mis luchas, mis experiencias y, en especial, mis embarazos, el nacimiento de mis hijos, su niñez y toda su trayectoria hasta el día de hoy. Me hacen muy feliz. Acariciar a mis nietos y nietas es revivir el momento de caricias a mis hijos pequeñitos; tocar su piel, sus manos y escuchar sus risas es un reencuentro que la vida me ha permitido con el pasado que añoro. He visto de nuevo a mis hijos chiquititos a través de mis nietos y he sentido que me faltó tiempo y espacio para acariciarles y repetirles mil veces cuánto les amo.

ÍNDICE